사랑과 이별 사이

을이 되었던 날들의 단상

나는 왜 이토록 너에게 약한가

글 사진 | 이용현

|책과 같이 들으면 좋은 노래|

Intentions | 이지형
누군가를 위한 | 루시드폴
Peace of mind | Dream Walker
KOKO | Ryuichi Sakamoto
Why Do I Need Feet When I Have Wings To Fly? | 루시드폴
한때 우리는 작고 보드라운 꽃잎이었네 | 이지형
A Child's Song | William Ackerman
Lions In The Sky | William Ackerman
Cinema Paradiso | Chris Botti
All I've Ever known | Bahamas
Shenandoah | keith Jarrett
에필로그 | 유희열
Love You I DO (Inst.) | 정준일
유월(Inst.) | 정준일

영감을 준 노래들로, 위 노래를 리스트에 담아 들으시면
따듯한 감성으로 글을 읽을 수 있습니다.

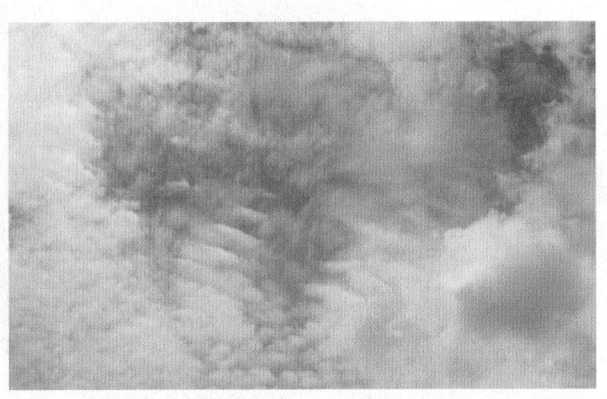

단상1
어쩌다 당신이 떠났을 때

단상2
나는 왜 이토록 너에게 약한가

단상3
인생에 가장 좋은 약은 사랑이었다

단상1
어쩌다 당신이 떠났을 때
-

이별 인사_22p | 당신이 다녀간 뒤_24p
사물의 이별_26p | 깨달음_29p
묻지 않는다_30p | 내 이별의 모양_32p | 좋아했으니_33p
사랑과 이별학 개론_34p | 훈금_36p
강물처럼_39p | Bye Bye_40p | 주고 간 선물_41p
어쩌다 당신이 떠났을 때_42p
이별 택시_44p | 지진_47p | 손_48p | 사람을 보내며_50p
야경이 예뻤던 밤_52p | 사랑이 체질_53p
종점까지 가지 못한 사람에게_54p | 사랑이 맞니_56p
복귀_58p | 취향이 닮았다면_60p | Playlist_64p
이것은 너무 슬픈가_66p | 숨기고 싶은 사실_70p | 다행 _72p
잘 있어요, 잘 지내요_73p

단상2
나는 왜 이토록 너에게 약한가
-

마주 본다는 것_78p | 혼자인 시간에_81p | 결단이 필요한 날_82p
앓이_84p | 밤_86p | 밥 핑계_88p | 빌어 본다_90p
여행과 사랑_92p | 티키타카_95p | 구스타프 클림트_96p
인연의 반대말_98p | 뒷모습_100p | 너무 애쓰지 말라_101p
그리움을 겪으면 사랑을 배운다_102p | 철저한 을_104p
응원이 필요한 날_105p | 걸음의 속도_107p | 핫플레이스_108p
색상_110p | 바다에서_114p | 사람이 남기는 것_116p
사람이 좋아서_118p | 당신을 좋아한다는 이야기다_120p
약자_123p | 선인장_124p | 사랑하는 동안_125p
사랑이 깊은 마음_126p | 평생 연애_127p
내가 먼저 기다릴게_128p | 가늠_129p | 연습은 없다_130p
꽃처럼_131p | 나는 왜 이토록 너에게 약한가_132p | 위로_134p
참으로 좋았다_135p | 관계의 꽃_136p | 누가 먼저일까_140p
그녀의 울음에서는 아픈 냄새가 났다_142p | 선물 안에 든 것_144p
덤_146p | 당신이 좋다_147p | 사람과 사람_148p
좋아서 하는 말입니다_150p | 조금 연연해했습니다_152p
꽃은 모두 예쁘니까요_154p | 사랑의 색_156p
칭찬_157p | 결_158p | 호명_160p | 약_162p
지나간 사랑 속에 다시, 사랑을_164P
혼자 있는 동안_166p | 길몽_167p
집으로 돌아와_168p | 사진을 찍으며 배운 것_169p
모두가 울었다_170p | 다음에 또 만나요_172p

단상3
인생에 가장 좋은 약은 사랑이었다
-

화분이 가르친 일_180p | 연애 대상_ 182p | 사랑의 범주_184p
끌림_186p | 노트 위에 쓴다_187p
지금은 만나지지 않지만_188p | 어떤 날씨 좋아하세요_190p
사랑한다 말해도 괜찮다_192p | 초대_196p
어디서나 언제나_198p | 좋은 날_200p
달력을 보다가 기도했습니다_202p | 향_204p | 불꽃처럼_206p
추신_210p | 행복이 맞다_211p | 쿵_213p
외로워지는 날_214p | 한철은 사랑이었습니다_216p
만남의 정의_220p | 감사_222p | 사랑이 다녀간 자리_ 224p
바람이 변해서 사람으로 온다_225p
모두에게_226p | 조식_228p | 에필로그_230p

서문

상대를 더 많이 좋아해서

때로 을이 되었던 사람에게

단상1

어쩌다 당신이 떠났을 때

사랑이 다녀가면 살만했고

이별이 다녀가면 감기처럼 아팠다.

어떤 날은 행복해서 달달하고

또 어떤 날은 외로워서 절절하다.

우리 삶에 잠시 밀려왔다 떠나가는

그 일은 무엇이었을까.

이별 인사

모르는 사람끼리 만나
아는 사람이 되고
피고 지는 사랑을 했다는 사실은
넉넉한 위로였다.

지금은 모두 흩어지고 없지만
어느 땅에 떨어지든 한 번은 따듯하거라
마음을 아끼지 않고
주고받은 일들을 떠올린다.

꽃을 만나고 가는 바람같이
우리는 우리를 만나고 가는
좋은 사람이었기를.

함께할 수 있어서 아름다웠어요.

이제 모두 흩어진 날이지만

그 어느 날도 버릴 날이 없었습니다.

당신이 다녀간 뒤

제주도로 떠나와
고요가 가득한 바다 안을 바라본다.

나는 한때 굉장히 이기적인 사람이라 생각했는데
당신을 좋아하면 마치 천성이 착하도록 태어난 사람처럼
부드러운 사람이 되어 있었다.

에메랄드 물빛 아래 쌓여 있는 모래들도
저렇게 잘게 잘게 부드러워진 것은
거칠기만 한 자신 앞에 수없이 왔다가는
파도를 사랑했기 때문이었겠지.

내 이기심을 무너트리는 당신처럼
사랑이 다녀간 자리는 부드러워진다.
연해진다. 그리고 맑아진다.

좋은 일들이 한번에 몰려왔다 밀려 나갔다.

사물의 이별

한 장소에서 약속을 정하고 즐거운 일상을 보낸 지난날.

두 개의 잔, 두 개의 음식, 두 사람을 위한 테이블
오직 둘만을 위해 집중되었던 것들이 있었다.
두 사람으로 있을 수 있어서 가능했던 일들이었다.

손님을 반기는 주인은 아직 그대로라던데
그곳에 자주 가던 두 사람은 이제 멀어지고 없다.

두 사람을 위해 세팅되던 사물도 혼자 남고
더는 둘이 되지 않는다.

둘이 아닐 때, 혼자 남게 되는 것은
나 혼자만이 아니었다.

삶은 다 내 것이 아니고

내 삶에는 그대의 몫도 들어 있었다.

헤어지고 나면 슬픈 이유가

절반은 그런 이유였다.

깨달음

어머니는 나에게
새로운 사랑을 기다리는 동안
지난 너의 이별에
감사하는 법을 가져야 한다고 말씀하셨다.

지금 너를 성숙하게 만드는 것은
미숙하게 이별한 경험이 있기 때문이라고.
그리고 만약 네가 상처를 준 쪽이라면
너는 오늘도 반성해야 한다고 했다.
반성 없는 만남은
사람을 제자리에 있게 할 것이라고.

잘못한 일을 되새기는 일은 창피한 일이 아니니
더 나은 사랑을 주기 위한 일로 여기고
너를 자주 돌아보라고 했다.
그래야만 다음번에도 후회하지 않을 수 있다고.

묻지 않는다

이별하는 이유를 굳이 따져 묻지 않는다.
어느 한쪽이든 이별을 준비하며
고민했을 어려움 안에는
이미 많은 이별의 이유가 섞여 있으므로
헤어지는 조건이 충분히 성립되므로
이별을 받아들이며 뒤돌아선다.

이별하는 이유를 따져 묻지 않으므로
사랑했던 이유도 따져 묻지 않는다.

처음부터 둘 중 누구도
이별을 원했던 사람이 아니었고
그저 이유 없는 끌림이 좋아
사랑을 시작했던 사람들이기에
사랑을 시작하며 호감을 보였던
첫 마음만 남겨 놓는다.

어떻게 사람이 그럴 수 있냐고 묻지 않는다.
사람이라서 그럴 수 있겠다고 생각한다.

이별을 고하는 시간을 겸허히 수용한다.
사랑하는 무게가 달라
어쩔 수 없이 헤어지는 일은 어쩔 수 없는 일.

묻지 않는다.
이별의 일에 대해
우리의 어긋난 만남에 대해.

왜 우리가 헤어져야 하는지
일일이 따져 묻지 않는다.

내 이별의 모양

서둘러 사랑하고 서툴게 이별한다.
그럼에도 이별하는 과정은
서로가 다치지 않도록
예의를 다한다.

내 이별의 모양이
날카롭게 각지거나
못생기지 않았으면 한다.

이 모든 게 너 때문이야, 라는
원망을 섞지 않는다.

원망의 이별이 아닌
원만한 이별로 남을 수 있도록.

좋아했으니

잠시 방문객처럼 들린 사람이었지만
둘이 아닌
이미 혼자였던 마당에
꽃이 폈으니 얼마나 좋아했겠어요.

나는 당신을 사랑한다 말하고
사람들에게는 당신을 자랑했습니다.

자랑을 자주 해서
입이 닳기도 했지만 행복했습니다.

서운하고 미운 날도 있었으나
괜찮은 날이었어요.

좋아했으니
그것으로 좋았습니다.

사랑과 이별학 개론

대학교 수업 과정 중, 누구보다 뜨겁게 사랑하고
이별하는 방법을 알려주는 그런 수업은 왜 없었나.

스무 살의 시절에는 실패라는 단어는 존재하지 않으니
다칠 것을 두려워하지 말고 더 많이 사랑하면서
성숙해지라는 수업은 왜 열리지 않았나.

한 권의 책을 다 덮고 나서야
책의 맥락이 잡히는 것처럼
이제야 비로소 사랑을 끝내고 나니
당신이 내게 주었던 모든 행동에도 감이 잡힌다.

나는 왜 첫 장부터 당신이 내어 준
사랑의 의미를 깨닫지 못했을까.
사랑과 이별학 개론을 배웠더라면
나는 조금 더 당신에게 괜찮은 사람일 수 있었을까.

당신이 떠난 뒤로 아프다고 엄살을 부리고

몸살까지 앓다가 일어난 세상은

내 컨디션과 상관없이

뻔뻔하게 환하고 씩씩하게 밝았다.

혼금(혼자인 금요일)

사랑이 있는 금요일과 사랑이 없는 금요일은 다르다.
이별 뒤로 어떤 약속도 없이 보내는 금요일 저녁은
쓸쓸한 혼금이다.

월요일은 정신이 없고
화요일은 피곤하고
수요일은 긴장이 풀려 쉬다가
목요일은 여유가 생겨 다른 약속을 잡으면
금요일은 나도 모르게 혼자 남아 있는 것이다.

오늘도 나처럼 사랑 없이
혼자 남게 된 사람들에게 여기저기 연락한다.

내 연락의 사유는 다음과 같다.
이 아까운 날을 같이 보내 달라고.
힘을 합쳐 쓸쓸한 밤을 물리쳐보자고.

강물처럼

보고 싶은 사람이 범람하는 요즘
외로움도 함께 넘친다.

살아가는 동안 제한된 시간을 두고
만나고 싶은 사람을 모두 만날 수는 없을까.

마음을 주고받으며 사랑을 많이 한다는 것은
그리워할 사람의 숫자를
늘려나간다는 것인지도 모른다.

Bye Bye

한 계절 한 계절
당신을 만날 때
내 나이도 당신을 같이 만나고 갔다.

비록 만남이 어긋나 헤어지지만
당신과 보낸 시간이 아깝다거나
청춘이 다 날아갔다고 푸념하지 않는다.
내 나이까지도 아프게 하지 않는다.

이제는 떠나고 없는
우리 둘의 나이가 덜 슬프도록
당신을 미워하지 않기로 한다.
그때의 선택도 곧 나의 몫이었으니.

내 나이를 함께 나눠 가진 사람.
잘 가라. 당신, 그리고 나의 나이.

주고 간 선물

한 사람이 주고 간 바디 워시로
몇 개월간 몸을 씻었다.
아침부터 내려앉은
하루의 고단함을 씻어 내릴 때마다
그를 떠올리기도 했다.

어느덧 바닥이 드러날 때
마지막 한 방울까지 짜내면서
그의 모습까지도 함께 짜냈다.

선물이 몸에 붙어 있으니
생각이 자주 났다.

선물이란 눈에 잘 보이는 것,
상대의 몸에 붙여 쓸 수 있는 걸 주는 게
제격이었다.

어쩌다 당신이 떠났을 때

어쩌다 당신이 떠났을 때

그동안 만난 날들을 손으로 헤아리며

나는 당신의 시간과 넉넉한 마음을

잠깐 빌려 쓴 것뿐이었다, 라고 위안했다.

어쩌다 당신이 떠났을 때

거리에 혼자 남게 된 나는

너무 슬픈 시라고 했다.

충격이 세서 아, 음, 어, 외마디 외에는

어떤 말도 이어지지 않는 시.

어쩌다 당신이 떠났을 때

눈물로 호소하는 아이는 사탕이 없다고 울고

다 큰 어른이 된 나는 사랑이 없다고 울기도 했다.

이별 택시

택시! 택시!
손을 흔들어 택시를 잡듯
떠나가는 이별을 잡아 세울 수 있다면 좋았겠지만

이별은 내가 흔든 손 앞에 정차한 적 없었다.
매달려도 떠나갔고 붙잡아도 달아났다.

이별은 눈앞에서 기다리지 않으며
더 멀리 앞으로만 달려갈 뿐이었다.

사랑하는 사람에게 잘못한 손을
이별은 쉽게 손잡아 주지 않았다.

추억과 멀어지려 해도
차마 기억을 버리지 못해
꽃잎처럼 달라붙던 당신.

지진

다정하게 한 사람이 왔다가
차갑게 돌아설 때
가슴에는 지진 하나 일어난다.

눈빛이 흔들리고 손이 떨리다가
멀쩡한 일상이 부서지기도 한다.

사랑으로 이어진 날들이
무서운 단절이 될 때
중심을 흔들어 놓는 파장이 깊다.

꽃잎이 떨어진다.
그것은 아마도 꽃이 시들어서가 아니라
오늘도 누군가가 이별을 말했기 때문일지도.

손

우리는 우리를 좋아했지만
우리 손도 서로를 좋아했다.

걸어 다닐 때 다정했고
많은 것을 주고받기도 했던 손이었으니
정을 떼기가 쉽지 않았을 것이다.

오래 붙잡고 싶었지만
그럴 수 없다는 통보에 따라
손을 놓아주어야 했다.

그날 밤,
손도 많이 아파 울었다.

사람을 보내며

사람을 보낼 때
상처 주는 말을 쉽게 뱉지 못하는 사람.
그 사람은 말에도 거울이 있다는 걸 알고 있는 사람이다.

내가 한 말은 반드시 돌고 돌아 후회로 비추거나
나를 다치게 할 수 있는 말이라는 것을
알고 있는 것이다.

사람을 보내며 마지막 말의 모습까지 생각한다는 것은
헤어지는 상처도 모자라 상처의 말까지 더해
서로에게 좋았던 날까지 망치게 하고 싶지 않다는 뜻.

감정을 앞세워 꼭 하고 싶은 말이 있더라도
그 말이 상대를 아프게 하는 말이라면
가슴에서 꾹꾹 눌러 담아
한 번쯤은 아껴두어야 한다.

말에도 거울이 있다.

내가 하는 말은
언젠가 나를 그대로 비춘다.

문득 거울 앞에 섰을 때
내가 한 말들이 나를 비춘다면
나는 부끄럽지 않을 수 있을까.

야경이 예뻤던 밤

걸어도 걸어도

다시는 볼 수 없는 밤이었다.

사랑을 줄 수 없는 시간이 무심하게 흘러갔다.

이 영화 같은 장면을 함께 걷고 싶었다.

사랑이 체질

미련은 몸에 해롭다.
그 사실을 알면서도
마음을 떼어놓지 못하는 것은
이별을 잘 견디는 체질이 아니기 때문이다.

사람이 떠났다고 울고
서운한 마음을 놓지 못한 채
미련하게 앓는 사람이라면
당신도 이별은 체질이 아니란 말이다.

사람과 헤어지는 일이 어려운 날에
나는 이별보다는
사랑이 체질이라는 진단을 했다.

종점까지 가지 못한 사람에게

부디 좋았던 기억만 가지고 내려주세요.
그동안 같은 풍경을 바라볼 수 있어서 좋았습니다.

다음 버스는 꼭, 끝까지 가세요.
제 운전이 서툴렀습니다.

종점까지 가지 못한 사람에게
좋은 기억만 내려주고 싶었습니다.

이별하지 않는 종점은 어디 쯤일까.

사랑이 맞니

반대편 테이블에 앉은 한 커플이 이야기한다.
'사랑이 맞니.'
여자는 붉은 얼굴을 하고서 운다.

한 사람은 너무 차갑고 다른 한 사람은 여전히 뜨겁다.
아이스 아메리카노와 뜨거운 아메리카노처럼
그 둘은 이미 다른 온도 차이를 지닌 사람.

사람의 감정도 적당히 섞인 온도일 때
사랑은 안정권으로 유지된다.
좀처럼 섞일 수 없는 온도라면
너무나 다른 두 종류의 사랑을 주문하고 있는 것이다.

그러니 계속 물어볼 수밖에.
'사랑이 맞니.'

복귀

주말에 약속이 없어졌다.
핸드폰에서 울리는 알람 소리를
신경 쓰지 않게 되었고
늦은 시간까지 긴 잠을 잤다.

누군가에게 잘 보여야 할 이유도
딱히 생각나지 않았다.
처음의 나로 되돌아와 있었다.

둘이 아닌 혼자로
내가 원하는 것을 스스로 선택하고
상대의 동의를 구하지 않아도 되는 패턴으로 복귀했다.

낯설지 않았다.
혼자 먹는 밥, 혼자 보는 영화, 혼자 먹는 술,
그를 만나기 전에도 내 모습은 이랬으니까.

어쩌면 나는 이별한 게 아니라

누군가를 사랑하기 전으로

돌아온 게 아닐까.

취향이 닮았다면

내가 좋아하는 계절들과
잊지 못하는 인생 영화.
혼자서만 알고 있는 커피숍과 내가 좋아하는 책들
행복하게 살다 온 인생의 몇몇 여행지.

이렇게 지나쳐 온 내 삶의 한 부분을 공감하고
함께 좋아해 줄 수 있는 사람이 지구 어딘가에는
단 한 명쯤 존재하리라는 믿음을 품고 있다.

그런 믿음이 혼자인 나를 견디게 하고
다음 사람을 기다리게 한다.

여러 가지 취향 가운데
공통의 분모를 가진 사람을 만나면
또 다른 나를 만난 듯이 반가워진다.

내가 나를 좋아하는 만큼, 내 취향과 비슷한 사람에게
마음이 끌려가 붙는다. 낯선 사람을 만나면 혹시나
우리가 비슷한 취향을 가졌을까 생각한다.

그리고 질문한다.
당신이 아끼는 것들에 대해.
당신이 나를 만나기 전, 혼자서 해왔던 것들에 대해.

그동안 서로가 혼자일 때 해왔던 것 중에서
닮은 모양을 찾아내면
누구보다 가깝게 지낼 수 있을 것 같은 확신이 든다.

취향이 닮았다면
살아가는 방향도 닮아 있다.

Playlist

밖으로 나갈 일이 없어진
혼자가 된 주말.
노래를 듣다 나온 발라드 가사들은
내 이별을 위로했다.

이제 방 안에선
사람과의 통화 대신
이별 노래를 듣는다.

타인의 이별이 내 이별과 같아서 힘이 되었던 노래.
곁에 있는 사람이 떠나서 듣는
플레이리스트를 추천한다.

**울리지 않는 사람의 전화 대신
내 귀를 채우던 가수의 목소리들.**

저 별은 외로움의 얼굴_다린 | 새_다린

바람이 분다_이소라, 내 곁에서 떠나가지 말아요_이소라

그리고 남겨진 것들_넬

바라지 않아_정키

우리 왜 헤어져야 해_ 신예영

바램_정준일, 그래 아니까_정준일

희미해서_이문세 (Feat.헤이즈)

만약에 우리 둘 중 하나라도_박화요비

나비의 겨울_ 박효신, Goodbye_ 박효신

이럴 거면 헤어지지 말았어야지_박원

이별행동_이우

우리 이렇게 헤어지기로 해_정준일

거짓말처럼_치즈

애쓰지 마요_박보람

이별의 온도-린

미운 날_ 이혜리

사월이 지나면 우리 헤어져요_첸

이별_폴킴

이별 뒷면_권진아, 늦은 배웅_권진아

이것은 너무 슬픈가

당신을 등지고 살아가는 계절은 시렸다.

더 이상 같은 계절 안에서

나를 사랑하지 않는다는 게

내가 당신 밖에 있었다는 게 아팠다.

용기를 내는 문이 서서히 닫히고

마음이 점점 열리지 않아

가까이 온 사람들을 돌려보냈다.

당신은 당신의 짝을 만나고

나도 나의 짝을 만날 것이라 기대했지만

내 짝은 당신만큼이나 쉽게 와주지 않았다.

이별은 같이 했어도

다시 누군가를 만나는 일은 다른 일이었다.

당신은 없고 당신을 익힌 습관들만 남아서
오랫동안 당신을 지우는 연습을 했다.

우리가 했던 사랑이
없던 일이 될 수는 없는 것이어서
사랑을 했다, 라고 쓰고
이제는 잊을 때도 됐다, 라고 했다.

그러다 어느 날, 길 한복판에서
당신이 잘 지내나 궁금하기도 하고
문득 보고 싶어 연락하고 싶은 마음이 돋아날 때
그 마음을 애써 참느라 힘이 들었다.

그저 어딘가에서 잘 있겠지, 하는 생각으로
행복하기를. 그렇게 당신을 빌었다.

기다리고 기다려도

사랑이 오지 않는 시절이 있다.

기다림을 못 이기고

툴툴거리는 나를

눈 감아 넘어가 주기를.

떠나간 사람이 보고 싶을까 봐

슬픈 감정을 모른 척하기도 했다.

사랑이 끝난 뒤

이별의 아픈 감정을 모른 체하는 것.

그 일을 너무 아는 체하기엔

쓰라리게 아프기 때문이 아닐까.

숨기고 싶은 사실

요즘 왜, 혼자이냐고 물을 때면
사람들에게 대답했던 말.

"지금은 혼자가 좋아."
시간이 흐른 후에도 변한 건 없었다.
"지금도 혼자가 좋아."

혼자를 택한 뒤
혼자가 좋아, 라고 말하는 대답 속에는
누군가에게 상처를 주거나
상처받는 일이 두렵다는 뜻이 담겨 있는지도 모른다.

무모하게 사랑을 시작하기엔
두려움이 많다는 걸
이제는 너무 잘 알고 있는 것이다.

"요즘은 그냥 차라리 혼자가 편해.
사랑은 하고 싶은데 다치기는 싫은 거야.
혼자일 땐 적어도 서로에게 상처 주지는 않잖아."

다행

내가 아닌 다른 사람과 행복해하는 모습을 보면서

어쩌면 다행이라는 생각이 들었다.

부족했던 나로 인해 느꼈을

감정의 공백을 잘 채우고 있다는 일이었으니.

그리고 나서야 미안했던 마음에

안정이란 불이 켜졌다.

잘 있어요, 잘 지내요.

혹 너무 가까워서
상처를 줬을지도 모르는
내 모습은 잊고
행복한 일상을 보냈으면 합니다.

언제나 밥 잘 먹고 건강하게
부족하지 않고 행복하게
과하지 않고 조금만 외롭게
차갑게 울지 않고 잘 있기를.

잘 있어요. 잘 지내요.

단상2

나는 왜 이토록 너에게 약한가

내가 한없이 누군가에게 약해진다는 말은

나보다 더 그 사람을 사랑하고

아끼고 있다는 뜻이다.

사람을 더 많이 좋아하고 사랑해서

을이 될 수밖에 없을지라도

상대를 향해 먼저 감정을 품은 자는

늘 약자가 된다.

마주 본다는 것

내가 아는 선에서 사람은 쉽게 변하지 않는다.
그러나 영향을 주는 사람을 만나면 삶을 대하는
방식이나 태도쯤은 얼마든지 변한다고 믿는다.
그것이 사랑의 효과이며 사랑이 주는 힘일 것이다.

서로에게 좋은 사랑이란, 익숙한 얼굴을 마주한 채
상대의 모습을 비춰줄 수 있는 거울이 되는 일이라 생각한다.

마주 앉은 사람에게서 부족한 내 모습을 발견하고
좋은 점을 배워갈 수 있다면 지금보다 더 나은 사람이
될 수 있기 때문이다.

자신을 비춰 상대를 나은 모습으로 이끄는 두 사람.
그 둘은 무시무시한 힘을 지닌 채 어떤 시련도 헤쳐 나가는 힘을 얻는다.

그러므로 사랑은 나란히 서서

한곳을 바라보는 일이라는 말보다

사랑은 서로가 마주 보는 일이라는 말을 더 좋아한다.

나란히 둘이 있을 때는 한 방향만 바라보게 되지만

두 얼굴을 마주 보고 있을 때

우리는 서로를 좀 더 자세히 들여다본다.

마주 보고 있는 두 사람 중

내가 더 큰 거울이 되었으면 좋겠다.

그렇기엔 늘 부족한 내 모습을 반성한다.

고백할 때마저 을.

이별할 때마저 을.

사랑할 때마저 을.

언제나 더 많이 좋아하는 사람이

을로 남는다.

혼자인 시간에

기타가 그렇고 하모니카가 그렇고 풍금이 그렇고

탬버린이 그렇고 트라이앵글이 그렇고

속이 비어 있는 것들에게서 아름다운 소리가 난다.

사람이 비어 있는 지금의 나에게는

어떤 소리가 날까.

결단이 필요한 날

오랜 공백기를 가진 뒤에도

누군가를 만나는 순간부터

이별을 생각하게 되는 이유는 무엇일까.

애써 사랑해도 모자랄 텐데

훗날 우리가 이별하게 되면 어쩌지, 하고

생각하게 되는 것은

겁도 많이 나는 까닭이지만

그 사람을 덜 사랑해서, 라고 결론 내린다.

한 사람을 사랑하겠다는

적극적인 의지와 확신이 없기 때문에

다가서는 일에 겁을 내는 것이다.

사랑을 시작하기 전에 감정을 살핀다.

사람에게 사랑을 주겠다는 확신이 있는 것인지.

아니면 확신이 없어 머뭇거리고 있는 것은 아닌지.

처음부터 겁을 먹은 것은 아닌지.

앓이

상대에게 하고 싶은 말이 있는데
그 말을 입 밖으로 쉽게 꺼내지 못할 때
속을 끓게 된다.

너무 많이 좋아하게 되면
너무 많은 것을 신경 쓰게 되므로
한마디의 말에도 무게가 실려
입이 무거워지는 것이다.

마음이 끌리는 사람을 만나면
전하고 싶은 말들을 오랫동안 들고 있다.

낮부터 밤까지 끙끙 앓는 말들은
어떤 말이 되어 나오게 될까.

밤

우리가 돌아누워 잠을 자는 동안에
저 깊은 밤, 하늘에는
수없이 왔다 갔다 하면서
우리처럼 사랑을 찾고 있는 별들이 쏟아지고 있습니다.

어느 별은 가까이 있고
또 어느 별은
우리처럼 멀리 있기도 합니다.
시간이 깊어집니다.

사랑을 찾은 별들은 더욱 빛나고

사랑을 잃은 별들은 떨어집니다.

아쉬운 이별인 것입니다.

비록 사랑으로 빛나지 못하고 떨어지더라도

너무 슬퍼하지 말자고 빌었습니다.

내일은 부디, 사랑을 찾아 환해지기를.

여기저기 별 자국이 가득한 밤이었습니다.

밥 핑계

호감 있는 사람 앞에
말끝을 빙빙 돌려 결국 꺼낸 말이
"우리 밥 한번 먹을래요."

우리가 만날 때
언제 밥 한번 먹자는 말은
친해지고 싶은 의도가 담겨 있는 문장이다.

밥을 인질로 핑계 삼아
당신을 집 밖으로 불러내려는 전략과
혼자서 숨겨왔던 설렘을 조금씩 꺼내 놓고 싶은
사심이 묻어 있는 작전인 것이다.

낯선 사람과 마주 앉아

그 흔한 밥을 밀어 넣는 일이

결코 쉽지 않다는 걸 알면서도

당신과 가까워지고 싶어

뻔한 밥을 핑계 삼는다.

밥을 먹고 나면

밥알과 밥알 사이의 끈끈함처럼

우리가 좀 더 가까워질 수 있을까.

오늘도 밥을 인질 삼아 이야기한다.

"맛있는 곳 아는데, 언제 밥 한번 먹을래요."

빌어 본다

사람은 외롭고 또 외로워서
언제나 자신의 사랑에 당도하기 위하여
어떻게든 흘러가려고 노력한다.

여전히 제자리에 있는 것 같지만
언제나 한곳에서 머무는 사람은 없다.
마음만이라도 계속 어딘가에 가 붙이고
순간마다 사랑을 애써 찾아내고 있는 것이다.

우리는 작은 점, 혹은 섬으로 존재하며
어떻게든 누구와 이어지고 싶은 마음이 간절하다.
그렇지 않고서는 외로울 까닭이 없다.

외로움으로 떠돌던 생활이
사랑이란 육지에 당도했을 때
방황하지 않고 한곳에 정착할 수 있기를.

여행과 사랑

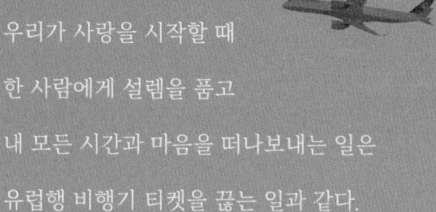

우리가 사랑을 시작할 때
한 사람에게 설렘을 품고
내 모든 시간과 마음을 떠나보내는 일은
유럽행 비행기 티켓을 끊는 일과 같다.

반복된 일상과는 다른 패턴으로 삶을 흐르게 하고
낯선 장소에서 시간을 보내며 추억을 남기고
가보지 못한 길을 걸으며
예기치 못한 이벤트에 감동받는 일.

여행에서 일어나는 좋은 감정들이
사랑에게도 일어나는 것이다.

좋았던 풍경을 오랫동안 잊지 못하듯

좋았던 사람 또한 오랜 기억으로 남아 있게 되는 것.

여행과 사랑에게서 닮아 있는 얼굴이다.

여행은 시간 속에 머물러 있게 하고

사랑은 사람 속에 머물러 있게 한다.

나는 머물다 간다는 말이 좋다.

여행을 떠났다가 아쉬운 마음으로 다시 돌아온 사람에게

이번 여행은 어땠어? 라고 물으면

"여행이야 뭐 다 좋았지." 라고 말하는 것처럼

이번 사랑은 어땠어, 라는 질문이 오면

"사랑이야 뭐 다 좋았지." 라고 대답해야지.

티키타카

낯선 마주침 속에 묘한 감정이 흐르면서
알 수 없는 기류가 흐른다.
대화를 하는 동안 티키타카가 제법 나쁘지 않다.
이제 사랑이란 영화가 시작되나 보다.

주인공은 당신과 나뿐이다.
제목은 티키타카로 정한다.

구스타프 클림트

이성에게 화려한 꽃을 사서
프러포즈를 하는 게 유행이었던 시대.
그때의 유행이 현대의 관행으로 자리 잡은 지금
애달프게 들려오는 일화가 하나 있다.

18세기 서양 화가 구스타프 클림트.
누구와도 혼인하지 않고
여러 여인과 관계를 맺고 살았지만
그는 한 여인인 에밀리를 오랫동안 짝사랑했다.

그러던 어느 날 클림트도 에밀리에게 프러포즈를 하게
되었는데 그는 엽서 한 장에 이렇게 쓴다.

'꽃이 없어 꽃을 그려드립니다.'

그는 당시 매우 가난한 화가였기 때문에 다른 남자들처럼 꽃을 사서 프러포즈를 할 수 없었다고 한다. 결국, 작은 엽서에 직접 꽃을 그려 그가 사랑하는 에밀리에게 마음을 전한 것이다.

가난 때문에 꽃을 살 수 없어 꽃을 그린 화가.
프러포즈가 성공했을지 실패했을지는 모르겠으나 마음을 전한 것만으로도 그의 가슴은 뜨거웠겠다.

'꽃이 없어 꽃을 그려드립니다.'

그의 고백 앞에 잠시 숙연해진다.
물질과 가난을 배제하고
나는 당당히 사랑을 고백할 수 있을까.
과연 그럴 수 있을까.

인연의 반대말

'인연'을 반대로 발음하면 '연인'이다.
어쩌면 모든 인연은
내가 모를 반대쪽에서
연인이었을 수도 있었던 일.

좋은 인연이
내 삶을 따듯하게 하는 이유가 있었다.

억지 노력을 하지 않아도
자연스럽게 인연이 닿는 사람은
지난 과거에 연인이었다고 상상한다.

우리가 앞으로 어떻게 이어질지 모르겠으나
살아가는 동안 좋은 인연으로 만났으면 좋겠다.

스쳐 지나가는 인연이 연인이 되지 못한 것은
전생에 연인이 아니었기 때문일지도.

뒷모습

안녕, 하고 돌아서는 순간

상대의 뒷모습을 바라보며

인사를 한 후에도 마음이 쓰인다면

나는 뒤돌아선 그 사람을 더 좋아하고 있는 것이다.

앞모습도 모자라 뒷모습까지 좋아하게 만드는 사람.

대체 그 사람은 얼마나 좋은 사람인 것인가.

만남을 갖고 돌아설 때

양쪽 모두 돌아보는 사람이라면

그 둘은 보통 이상으로 상대를 아끼는 사람이다.

우리가 사람을 사랑하는 모습은

앞모습에도 있지만

상대의 뒷모습에도 있다.

너무 애쓰지 말라

어떻게 하면
연애를 잘 할 수 있는 물음에
돌아온 대답.

너무 잘하려고 하지 말고
너무 애쓰지 말고
당신이 할 수 있는 만큼만 하면 된다.

저마다 사랑을 주고받을 수 있는
그릇의 크기가 다르니
당신이 줄 수 있는 만큼만 주고
그 크기를 받아들이는 사람을
만나면 되지 않겠느냐고.

그리움을 겪으면 사랑을 배운다

겪는다는 의미는 헤쳐나간다는 뜻이고
알아간다, 깨닫는다는 말과 같아서
한 번 겪는 일은 배움을 얻는다.

절망을 겪으면 희망을 배우게 되고
아픔을 겪으면 기쁨을 배우게 된다.
그리움을 겪으면 사랑을 배운다.

쓸모없는 것이 없기에
모두 겪어 낸다. 이겨 낸다.

붉게 타오르고 남은 마음의 잔재가
아직 다 꺼지지 않았을지라도.

그리움을 겪던 날

당신은 잘 지낸다는 소식을 들었다.

나는 못 지낸다는 소문을 냈다.

철저한 을

언제나 연락을 먼저 하는 쪽은
그쪽이 아니라 나였다.

좋아하는 마음이 컸으면서도
일방적인 연락이라 느낄 때
내 마음 한쪽은
페이지 모서리 끝처럼 자주 접혔다.

연락과 안부는
당신에게서 먼저 오지 않았고
늘 내가 먼저 갔다.

그러다 불현듯 당신에게서 먼저 연락이 오면
소심하게 접혔던 마음 한쪽이
바다처럼 펼쳐졌다.
그럴 때마다 나는 신이 났다.

응원이 필요한 날

봄부터 겨울이 가는 동안
나 자신이 조금은 아깝다는 생각이 들었다.

혹시나 상처를 주게 되진 않을까.
두려운 마음이 앞서
바쁘다는 핑계로 연애를 미뤘다.

겁이 많았던 탓이었을까.
감정을 사리는 동안 아무도 사랑하지 않았다.

장마가 지나가는 동안에도
사랑은 내리지 않았다.

퍼붓는 빗소리를 오래 들었다.
장마는 오랫동안 사랑에 메마른 나에게
힘내라고 보내주는 기립 박수 같았다.

걸음의 보폭마저 닮아 있어
걷는 속도도 비슷한 사람이 좋다.

그런 사람은
살아가는 속도도 비슷할 것만 같다.

걸음의 속도

걸음이 빠르다는 이야기를 들었다.
자신의 느린 걸음과 맞춰주면 좋겠다고 했다.

걸음이 다소 빠르다고 하여 천천히 걷는 동안
얼마를 걷지 못한 채 그 사람이 떠나갔고
나는 내 보폭을 관찰하며 혼자인 계절을 보냈다.

어떤 다른 사람에게서는
조금 더 빨리 걷자는 이야기를 들었다.
조금만 빨리 걸어주면 좋겠다고.
나는 그의 보폭에 맞춰 다시, 빠르게 걷기 시작했다.

핫플레이스

내가 다녀간 장소 중에
가장 좋았던 장소는
좋아하는 사람이었다.

웨이팅이 몇 분이든
좋아하는 사람을
기다리는 일은 지루하지 않았다.

기다림도 기꺼이 즐기며
자주 찾아가곤 했던
나의 핫플레이스.

그곳은 당신이었다.

당신은 내가 잊지 못하는 장소였다.
사랑을 발견한 고마운 장소.

색상

급한 마음 때문이었을까.
호감이 가는 사람을 앞에 두고
무슨 말을 했는지도 모르고 바보같이 돌아왔다.

잘 보이고 싶다는 생각 때문에 나의 말이 아니라
타인의 말, 책 속의 좋은 말, 어디서 듣곤 했던 말.
그런 말들을 빌려서 나답지 않은 말을 했다.

나의 말이 아닌 남의 말을 빌려 썼기 때문에 결과는 뻔했다.
상대는 당황하거나 놀라거나, 멀어지거나 했다.
머리를 쥐어뜯는 밤이 편안하지 못했다.

이 상황이 연극이라면 대사를 다듬고 처음부터 다시 시작하고 싶었다. 설레는 사람 앞에서는 유독 감정의 초보자가 되고 마는 현실. 내가 지니고 있는 색을 놔두고 자꾸만 그에게 맞추려다 보니 이것도 저것도 아닌 얼룩이 되었다.

집으로 돌아와 한참을 생각한 결론은 나의 색을 유지하자는 것이었다. 스며들되 빠져들되 나의 색을 흐리지 않고 내가 지니고 있는 색을 보여주는 것. 그리고 상대의 색을 있는 그대로 받아들이며 같은 계열의 톤을 좋아하는 사람이라면 그 두 사람은 억지를 부리지 않아도 어울리게 된다는 것.

각각의 색상이 섞여 다른 색상이 만들어지는 것처럼 자신다운 색을 지니고 함께 만날 때 다른 세상을 경험하게 되리라는 기대까지.

이제는 남이 좋아하는 색이 아니라
나의 색을 찾아야 한다고.

바다에서

이름을 부르는 일보다

이름을 적을 때

사랑의 감정이 은밀하게 깊어지는 것만 같아서

좋아하는 사람의 이름을 바다에 적어 보낸 적 있다.

머지않아 파도가 들이닥쳐

내 이름과 상대의 이름을 송두리째 가져가더라도

나란히 적힌 글자들이 마냥 좋아서

상대에게 할 고백을

바다에 해본 적 있다.

모래밭 위에 이름을 쓰고 덮고 하다

그냥, 내버려두기도 했던 어느 바다.

사람이 남기는 것

책을 좋아하는 사람은 메모를 남기고
영화를 좋아하는 사람은 평점을 남기며
맛집을 좋아하는 사람은 후기를 남긴다.

무엇보다
사람을 좋아하는 사람은 사랑을 남긴다.

사람은 태어나서 사람에게

사랑을 남기고 가.

그게 전부라 생각해.

모두가 행복했으면 좋겠어.

사랑하고, 사랑받으면서.

사람이 좋아서

혼자 있는 날엔
사랑이 오지 않는다고 발을 동동 구르고
사랑이 떠나가는 날엔
사랑이 떠나간다고 유난을 떨었다.

사람 때문이었다.
좋아하는 사람을 곁에 두고
차분하고 정돈된 모습으로
서 있던 적이 없었다.

안절부절
소란을 떨지 않고서 보낸
얌전한 시절이 없었다.

만남은 영원히 머무르지 않기에

오늘의 만남이 소중하다.

떠나가는 사람에게나

다가오는 사람에게나

미련 없이 잘하고 싶다.

당신을 좋아한다는 이야기다

어디서나 사진을 자주 찍자고 하는 사람.
그 사람은 추억을 남기려고 하는 것이 아니다.
그저 당신을 좋아하는 것이다.

자주 보고 싶은데 자주 볼 수 없을까 봐
보고 싶을 때 보려고 당신을 저장하려는 것이다.

시간이 흘러
지나온 날들이 그리워지면
함께 찍었던 사진들을 찾아보며
당신을 한 번 더 마주하고 싶은 마음이 다.
오랫동안 이어지고 싶은 것이다.

먼저 사진 찍자고 하는 사람이 있다면
그 사람이 당신을 참 많이 좋아한다는 이야기다.

"넌 내가 기억하는 마지막 형상이 될 거야"

<영화_ 퐁네프의 연인들 중에서>

식탁을 중심에 두고 마주 앉은 두 사람.

한 사람의 몸이 앞으로 기울기 시작한다.

들키진 않았지만

이미 절반의 마음이 상대에게 엎질러진 것이다.

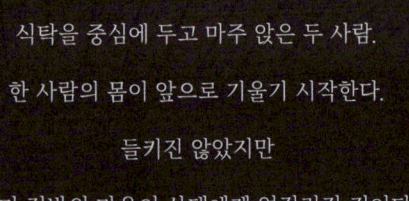

약자

메뉴는 뭐가 좋을까요, 했을 때
상대가 고르는 음식에 부정하지 않고
어떤 선택에도 고개를 끄덕이며
나도 모르게 동의했던 날.

혼자 있을 때처럼 내가 먹고 싶은
메뉴를 고르는 게 아니라
상대가 원하는 메뉴를 고르게 했던 건
내 식욕보다 잘 보이고 싶은 사람과
함께 있는 것이 중요해서였다.

모든 게 호감 때문이었다.

좀처럼 먹지도 않던 음식들이 나올 때
메뉴들이 나를 보며 웃었다.

선인장

그때는 몰랐으나 지금은 아는 것.
사람에게 지나치게 욕심부리면 뜨겁게 외로워진다.
내가 상대에게 준 감정만큼
반드시 돌려받겠다는 마음을 먹으면
그 대가로 외로움을 돌려받게 된다.
지나친 기대는 따가운 실망으로 자란다.

내게서 준 것을 생각하지 않는 마음.
그런 태도로 자라고 싶다.

사랑하는 동안

잘했어. 괜찮은 것 같아.

멋진데. 예쁘기도 하고. 아주 좋아.

누구보다 많은 칭찬이 있었다.

살면서 내 편을 만난 듯했다.

사람들은 나를 종종 오해했지만

그는 나를 언제나 이해하려 했다.

사랑을 해서 좋은 점이 있다면

또 다른 나의 편을 갖는다는 것.

그로 인해 나는 조금 더 힘을 낼 수 있고.

이런 게 마음에 든다.

나를 애써 고치지 않아도

온전한 내 모습 그대로

좋아하는 사람과 살아간다는 것이.

사랑이 깊은 마음

"이제 완전히 헤어지기로 했어요!"
누군가는 이별을 선포하고도 자고 일어났더니
상대를 지울 수가 없어서
사랑했던 사람을 다시 만나러 간다고 했다.

헤어진 연인이 또다시 만나는 확률은 극히 드물겠지만
헤어지고도 다시 만나게 된다면
그건 아마도 서로에게 준 상처보다
여전히 사랑하는 마음이 더 크기 때문일 것이다.

둘 사이에 커다랗게 보였던 상처도
사랑으로 덮을 만큼 사랑한다는 것이다.

사랑이 없는 마음은 흉터를 남기지만
사랑이 깊은 마음은 상처를 이긴다.

평생 연애

친한 동생에게 이야기했다.
어설픈 마음과 지나친 자기방어
미리 진단하고 물러나는 태도 때문에
늘 연애가 어렵다고.

그러자 동생이 대답했다.
평생에 한 번은 있겠죠.
자신다운 연애.
지금은 오고 있지 않지만
헤매고 헤매다 서로를 알아보고 찾아오는 사람
평생에 한 번은 있지 않을까요.

그냥 자신답게 해요.
머리 쓰지 말고 자신답게
평생에 딱 한 번은 있겠죠.
그 한 번의 연애가 평생 연애가 될 겁니다.

내가 먼저 기다릴게

내가 더 많이 좋아했으므로

나는 약속 시간에 늦지 않기 위해

10분 먼저 준비하고 당신을 기다렸다.

약속을 정하고 먼저 나가 있는 동안

나는 한 번 더 당신을 생각하며 당신을 만났다.

당신을 기다리는 일에는

곧 나타날 당신을 기대하는 마음도 들어 있었다.

10분 먼저 나가 있는 기다림 속에는

당신을 좋아하는 마음이 덤으로 들어 있는 것이다.

당신이 좋으니

기다리는 시간도 좋았다.

가늠

나를 먼저 사랑하지 않고
사랑을 시작하는 경우
상대의 사랑이 없는 날엔
상대에게 사랑을 채워달라고 욕심부리게 된다.

스스로 사랑하는 마음 없이
상대에게만 의존하면
닮은 사람이 되자고 만난 이들이
서로를 닮게 만든다.

자신에 대한 사랑이 비어 있다면
그 어떤 사람이 와도 나를 채우지 못한다.

연습은 없다

사랑은 왜 연습이 없고 모두 실전인가.
그래서 자주 겁이 났다.
머리는 아무 일 없다고 괜찮다고 하여도
가슴은 머리가 시키는 대로 작동하지 않았다.

꽃처럼

나는 이별할 때
가장 낮게 시들었고
나는 사랑할 때
가장 높이 자랐습니다.

나는 왜 이토록 너에게 약한가

나에게 하는 너의 말은
왜 모두 부드러운가.
너의 눈빛은 왜 그토록 따듯한가.

사실 강한 척하지만
나는 너에게 자주 무너진다.

마음이 약해지는 이유를 도저히 모르겠다.
높이 세워놓은 자존심도 소용이 없다.
너에게 거짓을 말할 수가 없고
감정은 모두 들통이 난다.

이제는 모르겠다.
좋아하는 너를 앞에 두고
평생을 약하게 사는 수밖에.

내가 꽃이라면 내가 좋아하는 상대는 주인이다.
그로 하여금 나는 쉽게 웃고, 쉽게 시든다.
사람을 향해 먼저 감정을 품은 자는
늘 약자가 된다.

위로

몇 번의 소개팅이 있었지만
잘되지 않을 때는 언제나 계절과 상관없이
찬 바람이 불었다.

호감이 생기는 상대가 등을 보이면
그날마다 몸 전체엔 폭설이 내렸다.
잡을 손이 없는 빈손이 시렸다.

후, 괜찮아. 입김을 불며
한 손이 나머지 손을 잡았다.

봄에는 다른 사랑을 하자는 기도를 했다.

참으로 좋았다

미련을 버리지 못하면
미련해진다는 말이
그토록 좋았다.

멍청했던 날들과
어리숙함이 특기였던 날들도
내 모습의 일부였던 까닭이었다.

사람을 좋아하면
한없이 약해지고 앓는 일이 잦았다.

미련하게 아프긴 했어도
사람에게 마음을 준 시절은 또
미련하게 좋았다.

관계의 꽃

유독 기분 좋은 날, 꽃 한 무더기를 사서 집으로 들였다. 꽃을 오래 보려면 물을 자주 갈아줘야 한다는 플로리스트의 말에 따라 먹고 남은 플라스틱 생수병을 잘라 물을 채워 넣고 꽃병을 만들었다.

꽃병에 넣은 꽃은 며칠이 지나도 예쁘게 피어나지 않았다. 아직 덜 피어난 꽃은 만개하지 않아서 내가 꽃을 잘못 사 왔나, 하는 마음에 플로리스트에게 연락해 물었다.

"아직도 몽우리만 가득한데 언제 피는 건가요?"
"몽우리가 더 좋은 거예요. 더 오래 볼 수 있으니."

지금 만개하지 않았으므로 오래 지켜볼 수 있어 좋다는 뜻이었다. 나는 그녀의 말과 달리 갓 사 온 꽃을 두고 너는 왜 꽃이면서 활짝 피어나지 않느냐는 급한 마음만 품고 있던 것이다.

사람과의 관계에서도 이 서두르는 마음 때문에 서로를 다치게 했던 때가 많았다.

나는 이만큼 마음을 주는데 당신은 왜 나만큼의 마음조차 열어 주지 않는지. 이쯤이면 활짝 감정을 줘 보일 때도 됐는데 왜 아무런 미동조차 하지 않는 것인지.

알고 보면 상대도 저 꽃처럼 내 의지와는 달리 기다림이 필요했던 것인데 나는 그만 서둘러 마음을 달라고 재촉한 것이다.

어쩌면 모든 관계에서 나 혼자 성급했기에 많은 사람을 달아나게 했던 것은 아닌지.

비록 더디긴 하지만 오래 보면서 알아가자는 상대의 요구와 달리 나는 재촉하기만 했음을.

상대의 감정 상태를 짐작하는 눈이 나에겐 없었다.
내가 신호 보내는 만큼 당신도 신호를 줘야 한다고
언제나 서둘렀다. 플로리스트의 말처럼 오래 볼 수 있어
서 더 좋다는 기다림의 미학이 부족했다.

설레는 만남 앞에는 서로의 관계가 만개할 때까지
길들이고 스며드는 기다림이 필요하다.
내가 당신을 생각하는 만큼 당신도 나를 생각해달라는
욕심이 생길 때, 그때마다 기다림이 필요한 몽우리를 생
각한다.

모든 좋은 관계는 일정한 기다림이 지나 꽃이 핀다. 그
러니 애써 만발하지 않는 사랑에 스스로 무너지지 말자.

오래 볼 수 있어 좋은 몽우리처럼
우리도 오래 볼 수 있어서 좋은 것이라고
차분한 마음을 지녀본다.

누가 먼저일까

처음으로 당신을 만나게 될 때
내가 당신에게 가는 것일까.
당신이 내게 오는 것일까.
이끌려 오는 사람은 누가 먼저일까.

서로가 서로에게 왔다고 한다면
그때는 인연일까.

서로가 무심하게 살다가
서로를 알아봤다면
길들이 우리를 이어준 것일까.
우리가 우리를 찾아낸 것일까.

그녀의 울음에서는 아픈 냄새가 났다

동자승과 늙은 스승의 만남이 주제인 영화.
〈다시 태어나도 우리〉
영화를 보러 갔다가 영화가 끝나는 마지막 부분에서
갑자기 울음소리가 들려왔다.

울음소리의 근원은 둘밖에 없는 극장 안,
내 좌석 끝에서 들려오는 젊은 여자의 것이었다.

오랜 시간을 함께하며 헤어짐이 온 순간 던진 주인공의
대사가 문제였다. "함께해줘 고마워," 라는 말을 건넨
타이밍에 여자는 그만 아픈 사람처럼 울음을 꺼이꺼이
터트리고만 것이다.

캄캄한 소극장에 퍼진 그녀의 울음소리는 어두운 밤 하
늘의 달처럼 깊었다. 타인의 이별에도 서럽게 울고 있는
여자. 그녀의 울음에서는 아픈 냄새가 났다.

아마도 그녀는 살면서 큰 이별을 겪었거나, 그녀 곁에서 사랑을 주고 있는 이가 있어 저토록 울고 있는 것이 아닐까. 혹은 자신도 이별을 맞이할 때 함께해줘 고마웠다는 슬픈 인사를 건네 본 사람은 아니었을까.

반드시 내 이별이 아니더라도 타인의 이별을 앞에 두고 우는 사람은 살면서 한 번은 만남과 헤어짐을 겪고 이별의 끝 마음을 느껴 본 사람들이다.

영화가 끝나고 밖으로 나오면서도
여자는 또 훌쩍, 또 훌쩍.

그녀는 눈물을 다 그치고 누군가에게 전화를 걸어 너무 슬퍼서, 라고 이야기하는데 나는 그만 당신의 울음이 더 슬펐다고 전해주고 싶었다. 나는 영화를 감상한 게 아니라 당신의 울음을 감상했다고.

선물 안에 든 것

오래전 알고 있는 지인에게 연락이 왔다.
이유는 묻지 말고 주소를 보내 달라 했다.

며칠 뒤 도착한 택배 상자 안에는 내가 봤으면 하는
추천 영화 목록과 영화 장면을 캡처한 엽서, 그리고 명
대사들까지. 거기에 내가 요즘 태우고 있는 향이 들어
있었다. 이를테면 이런 사람.

사람에게 선물을 보내는데 선물이 아닌 정성을 보내는
사람이 있다. 이런 사람들에게는 무력해진다.
무엇이라도 전해야 하는데 고작 할 수 있는 말이 떠오르
지 않아 감동의 끝을 다 전하지 못하고 만다.

선물에는 선물을 준비하기까지의 상대의 수많은 생각과 고민, 가게에 오갔을 발걸음, 시간까지 들어 있다.
그래서 선물을 받을 때는 마치 그 사람의 삶을 받는 것처럼 느껴진다.

생일이든 기념일이든 혹은 느닷없는 선물을 받는다면 우리는 선물을 기억하기보다 상대가 나를 위해 준비한 마음을 기억해야 한다.

고맙다는 말로 차마 다 전하지 못하여도.

덤

살아서 누군가를 사랑하는 일

그 일은 더 많이 행복해지라는

덤과 같다.

당신이 좋다

좋아하는 마음을 표현할 때

"나는 당신이 좋다."

이 말보다 좋은 말을 알지 못한다.

사람과 사람

사람과 사람이 다정하게 마주 앉아 있을 때
사람과 사람이 같은 입으로 맛있는 음식을 나눌 때
사람과 사람이 좋은 풍경을 서로 바라볼 때

사람과 사람이 함께하는 장면들은
언제나 달달한 그림이 된다.
그렇게나 둘이 달달해서
언젠가 헤어질 땐 어쩌려고 걱정이 된다.

당신은 사람과 사람이 만나는 장면보다

아름다운 장면을 본 적이 있습니까.

좋아서 하는 말입니다

우리끼리 만날 때 대단한 기대를 하고 만나는 것은 아니었습니다. 그 어떤 거창한 말을 듣고 싶었던 것도 아니고 그저 밥 좀 잘 챙겨 먹고, 잠 좀 잘 자라는 그런 평범하고 흔한 말이 필요했는지도요.

얼굴 좀 보자, 라는 말은 얼굴만 보자는 얘기가 아니라 건강하고 아프지 않게 잘 있는지 확인하자는 뜻입니다. 내가 당신을 생각하고 걱정하니 무탈하게 잘 있는지 살펴보자는 이야기입니다.

그러니 어떤 대책도 없고 이유도 없이 그냥 얼굴 보고 싶다는 말이 그렇게나 고마울 수밖에요.

나를 보고 싶어 하는 사람들이 있고
내가 보고 싶은 사람들이 있는 계절은
외롭지 않고 따듯하기만 합니다.

밥이나 먹자, 오늘도 잘 자. 자주 보자, 보고 싶네,
이 흔한 말들은 더 이상 흔한 말이 아닙니다.

바쁘더라도 우리가 조금 더 다정하게 이어질 수 있도록
어디서든 외롭지 않도록 전하는 사랑의 말입니다.

"밥 좀 잘 챙겨 먹어, 아프지 말고. 좀."

조금 연연해했습니다.

사람과 사람 사이

마음이 닿는 속도와 방향이 달라

종종 상처를 남기기도 했습니다.

오고 가는 타이밍이 다른 오늘도

우리는 다른 방향으로 가고 있습니다.

만약 그때의 우리가 같은 마음이었다면

지금은 어땠을까요.

지금 이대로가 오히려 잘 된 걸까요.

그때가 더 좋았을까요.

좋은 방향으로 가고 있다고 생각하면 맞을까요.

오늘은 조금 연연해했습니다.

무엇이든 그리워진다는 일은 좋은 일이다.

나에게도 한때

애착을 가졌던 일이 있었다는 뜻이기도 하니까.

꽃은 모두 예쁘니까요

우리는 각자 꽃을 사는 방식에 대해 이야기했습니다.
한 사람은 꽃이 지닌 꽃말과 포장을 신경 쓴다 했고
한 사람은 플로리스트에게 모든 걸 맡긴다 했습니다.
한 사람은 자기가 봤을 때 예쁜 꽃을 고른다 했습니다.

하지만 이 세 가지의 방식 중 중요한 것은
어떻게 꽃을 고르냐가 아니었습니다.
사람을 생각하고 꽃집에 들어선 그 발걸음이
무엇보다 가장 예쁜 일이었습니다.

꽃집을 검색하고 서성이던 순간과
끝내 꽃을 고르고 나오는 길이
꽃보다 값진 것입니다.

그러므로 어떻게 꽃을 고르든 괜찮다고 했습니다.
마음은 이미 다 예쁘니까요.

어떤 꽃을 사든 그 마음은 선하다.

우리의 관계에 더 많은 물을 주기 위해

오늘도 꽃을 산다.

사랑의 색

어떤 미련도 남기지 않고 태운

연탄의 속은 빨간색이다.

한번 타오르면 제 마음을 다 쓰고 나온다.

사랑을 하고 난 뒤

사람에게 주고 남은 내 마음은 무슨 색일까.

칭찬

포장 없이 있는 그대로 다가와

조곤조곤 꺼내놓았던 당신의 진심은

언제나 예뻤다.

결

사람은 누구나 자신만의 고유한 결을 지니고 있다.

취향, 생각, 태도의 결이 닮아 있는 사람들은

두루두루 원만하고

비슷한 결로 사이좋게 지낼 수 있다.

어긋나거나 모나지 않아서

곁에 있어도 쉽게 다치지 않는다.

좋은 사람은 서로의 결이 맞는 번지수를 찾는다.

서로가 가진 것을 따지는 일은 조건이지만

결을 따지는 일은 사랑이다.

자신의 결을 좋아하는 만큼

결이 맞는 사람끼리는

서로에게 억지 부리지 않는다.

무늬가 비슷한 사람으로 오래오래

서로를 곁에 남겨 놓는다.

나는 당신과 친해지고 싶다.

나의 결을 내어 줄 테니

당신도 당신의 결을 내어 달라.

호명

사람들에게 저마다 예쁜 이름이 지어진 건
그 이름을 오랫동안 잊지 않고
사람을 기억하게 만들기 위함이다.

내 이름을 다정히 불러오는 사람이 있다면
나와 친해지고 싶다는 뜻이다.

나도 당신을 잊지 않으려고
또 자주 기억하기 위해 이름 부른다.

우리가 우리를 다정하게 호명할 때
이름들도 우리의 진심을 듣는다.

약

당신은 아픈 날 만나면
멀쩡해지는 약이었다.

차가운 마음 안에
뜨거운 사랑을 자주 떠먹이던 당신 때문에
서서히 회복도 하면서
나는 건강한 날들을 보냈다.

불안한 날이나, 외로운 날
당신이라는 약을 만나면
절대 허약해질 수 없겠다는 생각이 들었다.

당신은 든든했다.
나는 가만히 있는데
모든 게 다 나아지는 느낌.
분명, 효과가 좋은 약이었다.

만나면 만날수록 나는 착해지고

내 나쁜 말들이 당신 앞에서 잠들었다.

지나간 사랑 속에 다시, 사랑을

좋아하는 사람에게 수십 통의 편지를 쓰고도
부치지 않았던 선배를 알고 있다.
절절한 마음이 담긴 편지를 빳빳한 파일첩에
넣어두고는 사랑하는 마음만 간직했던 사람.

그는 한 장도 아닌, 수십 장의 편지를 써놓고
편지를 접지도 않았는데 접지도 않고 부치지도 않았던
이유가 자신의 마음이 접.힐.까.봐, 였다란다.

오직 한 사람만을 위해 쓰인 감정이 고스란히 묻어났던
글. 좋아한다는 마음을 넘어선 흠모에 가까웠던 글.
한 줄 한 줄이 다 사랑이었고 모든 문장이
시 같았던 편지.

그의 고집대로 편지를 접지 않아서 마음이 접히지는 않았으나, 끝끝내 편지를 전하지 않았으므로 그의 마음은 스스로 접혀버렸다.

절절하고 애틋한 선배의 사랑이 이뤄지지 못했다는 일에 나는 연민한다. 비록 실패하더라도 고백의 근처까지 갔어야 하지 않았을까.

접히는 마음이 아쉬워 접지도 못하고 전하지 못한 채 추억으로 남아버린 편지. 최후의 고백도, 사랑도 되지 못하고 쓸쓸하게 남아 고아가 되어버린 문장들.

혼자만 보기엔 안타까운 편지가 있다.
지금이라도 그 여자를 찾아서 편지를 전해주고 싶다.
지금은 사랑이 아니라고 말한 들
그때는 누구보다 뜨거운 사랑이었으므로.

혼자 있는 동안

사랑이 없을 때

당신은 어떻게 혼자인 날을 견디냐고 물었다.

자신은 혼자인 시절에 아껴놓은 마음을

고스란히 지니고 있다가

함께일 사람이 오면 그 마음을 한도 없이 쓴다고 했다.

그러니 혼자일 때 느끼는 외로움을 소중히 대해 준다고.

나는 줄 곳 없는 감정이 외로워서

사람을 자주 보챘는데 당신은 달랐다.

혼자 있는 동안 혼자를 기르며

사랑을 비축하는 당신이 빛나 보였다.

길몽

이상한 꿈을 꾸고 일어나
꿈을 해몽한다.

운이 좋다나
일이 잘 풀린다나 뭐라나.

다른 건 다 됐고
그냥 내가 좋아하는 사람이
나를 좋아해 줬으면 좋겠다.

집으로 돌아와

상대의 이야기를 들어주기보다 내가 더 많은 말을 한 건 아닌지. 내 말로 인해 오래도록 꺼내고 싶었던 그 사람의 이야기를 묻히게 한 건 아닌지 생각한다.

그 사람이 나에게 상처를 줬다는 생각보다
내가 혹 그에게 상처를 주지 않았나 염려한다.

내 감정만을 앞세울 때 다른 사람의 감정은 잊혀지기 때문이다. 서로의 만남이 일방적인 것으로 기울기 때문이다.

어디서나 섣불리 상대를 오해하지 않고 상대를 먼저 생각하는 사람이고 싶다. 내 말은 항상 상대 다음에 천천히 닿고, 귀는 언제나 열려 있는 채로 그의 이야기를 공감하는 사람이고 싶다.

그러나 나는 여전히 서툴다. 모자랄 만큼 모자라다.

사진을 찍으며 배운 것

까만 어둠 속에서도

작은 빛 한 줄기만 있으면

카메라는 응답한다.

작은 빛을 감지한 카메라는

어떻게든 렌즈 안에 형체를 담아

잔상을 드러낸다.

사람도 그와 같다.

메마른 일상에서 자기를 아껴주는

한 사람만 있어도 희망을 품고 응답하며 살아간다.

사람에게 사람은 빛과 같다.

사람이 곁에 있어야 한다.

곁에 있는 당신이 잘 됐으면 좋겠다.

모두가 울었다

지인의 결혼식에 갔던 날
주례를 보는 신부 아버지의 편지 낭독이 있었다.
아버지는 왼쪽 가슴에서
두 장 남짓 되는 편지를 꺼냈다.

'사랑하는 딸에게, 바보 같은 아빠가.'로 시작되는 문장이었다. 고작 마이크에 대고 첫 문장을 읽었을 뿐인데 하객들은 눈물을 훔치고 있었다.

울음은 곧 쓰나미가 되어 감당할 수 없을 정도로 불어나기 시작했다. 괜한 마음에 뭉클해진 나 또한 타인의 결혼식에서 눈물을 찔끔 흘리고 만다.

나와는 전혀 다른 사람의 모습에 마음이 흔들리는 것은 결코 오지랖이 넓어서가 아니라, 사람이 사람에게 주는 사랑의 온도가 대충 어떤 것인지를 짐작하고 있어서다.

어젯밤 홀로 책상에 앉아 차근차근 이야기를 적어 내려 갔을 아버지의 모습. 항상 자식 앞에 단단한 모습을 보여주면서도 막상 자식이 떠난다고 하니 한없이 여리고 약해지는 부모의 마음은 또 얼마나 짠한가.
편지라도 쓰지 않으면 차마 전할 마음을 다 전하지 못할까 싶어 용기를 냈다는 아버지의 그 문장까지.

눈물을 그렁그렁할 만큼
사람은 끝내 사랑 이야기에 치명적으로 약한 것이다.

그것도 모자라 자신을 바보라고 하는 아버지가 또 얼마나 약한지를 짐작하고 있는 것이기에.

'사랑하는 딸에게, 바보 같은 아빠가.'

다음에 또 만나요

당신을 만나기 위해 먼 시점으로부터
약속을 정하고 그날을 예약해 두었는데
어느덧 시간이 빠르게 와서 만남을 갖고 나니
그래도 우리가 잘 흘러 흘러 왔구나.
고마움이 솟아올랐습니다.

서로에게 좋은 사람이 되고자
다짐하며 헤어지는 날.

다음을 기약하는 인사 뒤엔 아쉬움이 가득하지만
건강하게 또 하루하루, 오늘의 좋은 에너지로 채워 갈
수 있다면 다음 계절에도 행복하게 만날 수 있겠지요.

잠시 멀어졌다 사람을 만나는 일은
어딘가 애틋한 구석이 있습니다.
자주 만나지 못하더라도 다시 보는 그날까지
또다시 웃으면서 만날 수 있기를.

단상3

인생에 가장 좋은 약은 사랑이었다

당신이 다녀가서

예쁜 시절을 살기도 했다.

바람은 사람에게 머물지 않지만

사람은 사람에게 머물다 간다.

어쩌면 우리는 서로에게 잠시 머물다가는

민박을 했던 건지도.

혹, 내가 좋은 손님이었기를.

화분이 가르친 일

텅 빈 방 안을 채우고 싶은 욕심으로 화분을 들일 때가 있었다. 책상 위에 놓은 화분 하나가 마치 사랑 같았다.

이따금 햇볕도 쐬어 주고 물도 자주 주었는데 화분은 책상에서 일찍 시들었다. 알고 보니 물은 적게 주고, 햇볕은 피한 채로 양지보다 음지에서 잘 자랄 수 있는 식물이었다.

화분 하나를 쉽게 죽인 뒤로 오랫동안 화분을 들이지 않았다. 사물이든 사람이든 떠나보내고 나면 마음이 오래도록 저렸다.

언제나 내 입장만 생각한 행동은 이렇게 득보다 실이 되는 경우가 많다. 한 대상에게 필요한 관심이라 생각하고 쏟아주는 나의 애정에는 어쩌면 상대에게 불필요한 것들이 섞여 있을지도 모르는 일.

이제는 무조건적으로 애정을 쏟아주는 일이 사랑이라 생각하지 않는다. 상대에게 필요한 것만 골라내 불필요한 것을 주지 않는 것도 사랑의 한 속성이라 여긴다.

물을 적게 줘야 했던 화분에게 미안해진다.

문득, 화분을 죽이지 않고 잘 키우는 사람들이 부러워졌다. 그런 사람들은 필요한 것과 불필요한 것을 잘 골라낼 줄 아는 사람들일 테니까.

연애 대상

짧은 만남이었다고 할지라도
열심히 사랑하고 헤어진 사람들 모두
박수받을 연애 대상이었습니다.
누구 하나 아깝지 않은 사람이 없었고
각자만의 방법으로 저를 위해 노력해주었습니다.

사랑하며 넘긴 달력엔 좋은 날들로 기억될 것입니다.
그동안 주신 마음 소중히 간직하겠습니다.

부족한 저에게 관심을 주고 사랑해준 고마운 사람들.
그대들이 있어 제가 있었습니다.

만남이란 시간을 내주었기에
제가 아프지 않고 무럭무럭 자랐습니다.
너무너무 고생 많았고 그동안 감사했습니다.

사랑의 범주

아, 미처 알지 못한 것.

우리들은 사랑하고 헤어지는 게 아니라

헤어지고 나서야

사랑을 하게 되는지도 모를 일이었습니다.

숨, 공기, 바람, 하늘, 사람.

소중한 것이 모두 떠나고 없을 때

간절해지는 이유는

사랑을 했기 때문이었습니다.

이별도 사랑의 범주라는 것을

뒤늦게 알았습니다.

끌림

혼자 있다가
사람을 만났다.

어긋날 수도 있었던 사람들이
우연히 만나게 된 일을
어떤 확률로 설명할 수 있을까.

우리가 태어나기 전
약속을 마치 정해 놓기라도 한 것일까.

친해질 의무가 없었는데도 친해진 사람이라면
그리고 지금까지도 연락이 닿는 사람이라면
서로가 좋아하는 어떤 끌림이 있는 것이다.

그 끌림은 대체 무엇이었을까.

노트 위에 쓴다

사랑, 그 일은 내게 아주 뜨겁고
최선을 다했던 감정이며
외로움을 잠시 잊었던 선물이라고 쓴다.

사랑 앞에서는
무엇이든 열심히 하고
그토록 친절해진 적도 없었다고
사랑이 착한 마음을 갖게 했다고 쓴다.

잠시라도 내 곁을 다녀간 사람 모두
넉넉하게 행복했으면 좋겠다고
쓴다.

지금은 만나지지 않지만

우리는 우연히 만나

서로의 시절을 행복하게 보내고

어떤 예고도 없이 헤어지기도 했다.

그것이 조금 슬프기도 했지만

이렇게 어른이 되어가는 거라고 위안 삼았다.

몰랐던 사람을 알게 되고

다시 알게 된 사람을 모른 체해야 한다는 것이

위태롭게 흔들리는 다리를 건너야 하는 일처럼

괴롭고도 어렵기도 했다.

자주 혼자인 날

이따금 지나간 날들이 떠오르면

이별에 대한 푸념보다

고마웠던 일들을 기억해냈다.

아프고도 약했지만 좋지 않았던 날보다

좋았던 날들을 생각하면 마음이 한결 편했다.

운이 좋았다고도 생각했다.

이름을 알았고, 얼굴을 알았으며

밥을 나누고 함께 시간을 보낸 날

내가 좋아하는 사람과 하루를 보냈다는 게 좋았다.

지금은 만나지지 않지만

우리가 우리를 만나고 간 일에 만족할 수 있다면

한 번은 멋진 장면을 살아낸 것이다.

어떤 날씨 좋아하세요?

당신은 어떤 날씨를 좋아하냐고 묻다가
내가 좋아하는 날씨를 당신이 똑같이 말하고 있을 때
어쩌면 우린 친해질 수 있겠구나, 생각합니다.

날씨를 넘어서 좋아하는 계절까지 같을 땐
한 계절을 같이 보낼 수 있겠구나, 또 생각합니다.

봄을 함께 좋아하는 사람이라면
집에만 있을 리 없고
겨울을 함께 좋아하는 사람이라면
내리는 첫눈을 피할 리 없기 때문입니다.
어디를 가도 같이 좋아할 게 분명하기 때문입니다.

좋아하는 취향이 비슷하니
다른 어떤 사람보다 당신을 좋아할 수밖에요.

아, 오늘 날씨 참 좋다.

당신도 좋고.

사랑한다 말해도 괜찮다

사랑한다는 말을 꺼내지 않고
사랑을 표현할 수 있을까.

상대의 손을 잡는 일.
가슴으로 포옹을 하는 일.
은은한 눈빛으로 바라보는 일.
상대에게 몸을 기울여 귀를 열고 차근차근
그의 말을 담아주는 일.

상대를 위한 작은 행동들이 사랑의 표현이 될 수는
있겠지만 감정을 전달할 때에는 언어가 필요하다.

행동으로 사랑을 보여주는 일 외에
행동에 말을 담아 넣을 때 그 사랑은 배가 된다.

이를테면 당신을 좋아합니다, 라거나 당신을 사랑합니다. 라는 말을 입 밖으로 꺼낼 때, 사랑이란 문장은 상대의 가슴에 천천히 내려앉는다. 견고히 안착한다. 견고하게 안착한 문장은 이따금 우리가 중심을 잃고 흔들릴 때 큰 힘이 되어 준다.

우리들이 나이를 먹어도 사랑이란 문장은 닳지 않는다.
나이 들지 않는다.
관심을 받고 자란 식물이 오래 자라듯, 사랑을 말하고 듣고 자란 사람도 오랫동안 사랑을 이어나간다.

그러니 사랑하는 동안 이 말은 옳다.
사랑한다. 사랑한다. 사랑한다.

당신은 이 주문을 가지고 가라.

혹 내가 근처에 없어도

아프고 무너질 적에

이 주문을 꺼내 힘을 냈으면 한다.

사랑한다. 사랑한다. 사랑한다.

이 말은 고백이 아니라

당신을 위한 나의 주문인 것이다.

초대

내가 있어 당신이 있다는 말보다
당신이 있어 내가 있다는 말을 좋아합니다.

입으로 나눈 안부들과 관심들.
손에서 손으로 건넨 체온들.
자주 고맙다고 말하려 했으나
나중에, 라는 말로 미룬 시간을 후회했습니다.

당신이 고맙습니다.
나는 당신에게 초대받았던 것입니다.
당신이라는 사람에게 값지고 좋은 시간을 받았고
방 안에 꽃을 들여놓았더니
사방이 환해진 것처럼

내 하루에도 당신이 들어와서
일상이 환했습니다.

우리는 서로의 시간에 초대받은 사람.

어디서나 언제나

지난 이별의 상처로 감정의 뿌리가 모두 뽑히고
나무 밑동이 잘려 나간 것처럼 아플 때
그 어떤 만남도 싫어질 때
그때도 우리는 사람을 만나야 한다.

자신이 사랑하던 개가 죽고
사랑하던 사람이 새처럼 떠나고
내가 전부라 여기던 세계가 무너질 때
기대고 있던 대상이 내 중심을 벗어날 때

나라는 질량이 너무 가벼워져도
사람을 만나야 한다.

당신이 사람으로 힘을 냈으면 한다.

지나간 인연마다 사연은 있다.

뜻대로 되지 않았던 인연들에게는

이유가 있었을 것이다.

사람의 빈자리는 또다시

사람으로 채워진다는 말을 믿는다.

좋은 날

내가 좋아하는 사람도 나를 좋아해 줘서
줄곧 날이 맑은 것.

조금 우울해도
그 사람으로 하여금
흐린 바닥의 마음마저 개고 마는 것.

바람이 불고
비가 내리며
눈이 쌓여도

좋아하는 사람과 함께 있다면
어떤 날이든 사랑하기 좋은 날씨가 된다.

달력을 보다가 기도했습니다

나는 당신의 계절 중 몇 월에 있나요.
기억이 가물가물 시들고
함께 쌓았던 시간이 녹아내리면
그때야 사람을 잊는다는데
나는 어디쯤 흐르고 있나요.

나에게 여름은 당신의 손톱처럼 짧고
겨울은 내 변명들처럼 길게 지나갔습니다.

오늘은 달력을 보다가 기도했습니다.
나를 사랑을 하고 떠난 일이
당신에게 무거운 돌은 되지 않았으면.
쌓여가는 먼지도 되지 않았으면.
그 어떤 짐도 되지 않았으면.
다만,
아주 잠깐 날리는 첫 눈발 같았으면.

향

어제는 오래전 이별한 사람에게 연락했다.

짧은 만남이었지만 이별하는 때에도

예의 있고 정중하게 이별을 대해준 사람이었다.

서로가 다치진 않을까, 하는 마음에 상처의 말을 아껴

최대한 조심하며 이별을 허락해 준 사람.

말투, 언어, 행동, 이별에도 교양이 있었다.

느닷없는 뒷북이긴 했지만

그 예의 있는 이별이 고마워서

고맙다는 말이 하고 싶었다.

헤어지는 뒷모습까지

좋은 그림으로 남아 있는 이별이 몇이나 되겠는가마는.

이별에도 수준이 있다면 꽤 수준 높은 이별이었다.

사람에게 다쳐
마음이 심란하고 미어터질 때
당신이 선물로 준 향을 태운다.
그 향이 사방으로 퍼지면
안정에 꽤 큰 도움이 된다.

새삼 다시 고마움을 느끼는 걸 보니
당신이 나를 참 많이 챙기긴 했나 보다.
미안하다. 당신은 늘 나를 챙겼는데
내가 챙긴 건 욕심뿐이었다.

불꽃처럼

사랑은 세상에 살아남은 자들이 즐길 수 있는 유일한 축제.

순간순간 보냈던

보통의 날들이

지나고 보면

특별한 날들이다.

만나는 시간마다 화려하지 않아도

감사하는 마음으로

행복하게 살아야 한다.

추신

우리가 만나지 않았다면 지금의 나는 어땠을까요.
혹은 당신은 어땠을까요.
꽃이 흔들린 까닭은 바람이 다녀갔기 때문이고
제가 달라진 까닭은 당신이 다녀갔기 때문입니다.

이제 남아 있는 것은 상처가 아문 자리에 피어나는 꽃.
내 곁에서 나를 아껴주는 또 다른 사랑과 사람들입니다.

내 의지와 상관없이 사람이 변하고 떠날 때
이제는 서운한 감정이 아닌 예전보다 더 성숙해지라는
뜻으로 이해합니다. 이별은 곁에 있는 존재의 소중함을
깨우쳐주기 위한 일로 여깁니다.

나는 여전합니다.
당신도 여전하기를 바랍니다.

행복이 맞다

평소에 알지 못했던 노래를 찾게 되고
어쩌다 맛집을 알게 되거나
유독 날씨마저 좋은 날을 걷고 있을 때
그때는 행복이 맞다.

의외로 취미가 같은 친구를 만나
이야기가 쉽게 풀려 말이 잘 통하는 순간도
여행을 떠났다가 길을 잃은 곳에서
뜻밖의 풍경을 맞이하게 되는 일도
그때는 행복이 맞다.

무엇보다
좋아하는 사람을 우연히 만나
잠시라도 사랑을 해 본 일은
행복이 맞다.

쿵

갑자기 쏟아진

물감처럼

설렘 하나가 쿵, 하고 떨어지자

한순간에

외로움을 덮었다.

이번 사랑은 무슨 색일까.

상상에 번져가는 사람이 궁금해졌다.

외로워지는 날

혼자인 방에서 사람을 생각한다.
사람과 연결되어 있다는 믿음.
그 믿음이 단절되는 날엔 외로움을 느끼지만
어딘가에서 나를 생각하고 응원하는 사람이 있다고
믿으면 하루가 그렇게 외롭지는 않다.

어딘가에서 지금 이 시간에도
자신을 위해 잘 살고 있겠지.
별일은 없고 무탈하겠지, 하며
나를 걱정하고 아껴주는 사람들을 생각으로 잇는다.

사람을 생각하고 걱정하는 시간도
사람을 만나는 만남의 또 다른 방식.
혼자 있어 외로워지는 날
나는 사람을 생각한다.

옆자리가 비어 있는 채로

혼자서 긴 시간을 보낸 어느 날.

잠시 앉았다 가는 사람에게

나도 모르게 친절을 베풀었다.

혼자서는 외로운 까닭이었다.

한철은 사랑이었습니다

상처받을지도 모른다는 겁을 내면서도
정성을 들여 사람에게 애정을 쏟아내기도 했던
한철은 사랑이었습니다.

기쁨이 무성했고
웃음도 넘쳤습니다.

우리의 사랑을 구경한다고
좀처럼 자라지 않는 잎들마저 자라났던
그런 날이 어찌 불운할 수 있었겠어요.

감히 사람에게 사랑을 쏟아도
그 누구에게도 혼나지 않았던
한철을 다 보내고 갑니다.

오늘 보낸 기억이 예뻐서

내 기억이 함부로 녹아내리지 않게 해달라고

빌고 또 빌었던 날들.

당신을 또 만날 수 있다면

그때는 더 예쁠까.

만남의 정의

새로운 사람을 만나는 일은
내가 살던 시간에 다른 시간을 더하는 일.
그리하여 용기가 따르는 일.

일정에 없는 약속을 늘려나가며
겪어보지 못한 일상을 새롭게 겪는 일.
그리하여 즐거움이 따르기도 하는 일.

내가 쓰던 언어와
그가 쓰던 언어를 나누는 일.

그리하여 서로의 인생을 읽는 일.
서로를 읽다가 좋은 구석이 있다면
쉽게 잊혀지지 않도록 밑줄 하나 치는 일.

감사

어느 특별한 것 하나 없어도
내 삶이 좋아지기 시작했던 때는
당신이 곁에서 머물러 있던 시절이었다.

내가 사람에게 가장 가까이 다가선 일도
당신을 만나는 날들이었다.

일상이 지루하고 심심한 마음이 들 때는
결국 당신이 없기 때문이라는 사실도 뒤늦게 알았다.

나는 사랑이란 세계에서 늘 느린 배움으로 있었다.
당신이 지닌 장점들로 내 단점을 자주 덮고 살았다.
당신과 여러 계절을 걷는 동안 내 얼굴은 곧잘 맑았다.

사랑이 다녀간 자리

길가에 핀 꽃이 예뻐 보이는 건
누군가가 그 꽃을 사랑하고 갔기 때문입니다.
잠시 시선을 주고 마음을 준 흔적이 남아 있어
아름다움이 묻어 있을 수밖에요.

누군가가 예뻐 보이는 날엔
그에게도 사랑이 다녀갔기 때문입니다.

바람이 변해서 사람으로 온다

나는 자주 제주에 있었다.
바다를 끼고 바람을 맞으며
제주를 걷는 일이 좋았다.
바람 속에 있으면 나는 왠지 깃털이 되어
어디든지 날아갈 수 있을 것 같았다.

바람은 사람에게 머물지 않지만
사람은 사람에게 머물다 간다고 생각했다.

만약 내 모습이 좋아서
나에게 머물고 싶은 사람이 있다면
그 사람은 그동안 만난 바람이 변해서
사람으로 온 것이라는 문장을 적었다.
사랑을 하면 모두가 변하니까 말이다.

어디를 가든 내 곁을 계속해서 따라오던 바람.
나를 좋아하는 바람은 사람으로 온다.

모두에게

나무와 잎이 잠시 떨어져 있어도

저들은 슬프지 않고 다음 봄에 더 큰 사랑과

에너지를 갖고 만날 게 분명합니다.

우리도 늘 함께했던 것들로부터

공백을 잘 견디고

각자 모두가 있는 자리에서

튼튼하게 지냅시다.

무성하게 건강해져

좋은 만남으로

다시 또 이어질 수 있도록.

당신과 내가 한때 같은 편에 섰다.

그러니 하루하루가 든든했지.

조식

둘이서 사랑을 하고 훗날 같이 살게 될 때
둘 중 아침을 준비하는 사람은 누가 될까.
아침을 먹자는 건
오늘 하루도 버틸 힘을 나눠 갖자는 것.

대단한 음식은 아니어도
간단한 토스트나 주스든
식탁 위에 음식을 먼저 차려내는 사람은
누구일까.

음식을 준비하는 사람은
음식을 기다리는 사람보다
더 많은 사랑을 담고 있는 사람.

그 사람은 아침을 차리는 것이 아니라

또 다른 사랑을 차리는 것.

이른 아침잠을 쪼개

식탁 앞에 먼저 서는 사람은 누구일까.

당신이 될까. 내가 될까.

에필로그

맛있는 음식 사진을 남기고
아름다운 풍경을 남기고
둘만의 사진을 남긴 하루들이
한 장씩 넘어간 필름이었다.

나란히 서 있던 길 위로
다시는 돌아갈 순 없지만
그날들이 나쁘지만 않아서
괜찮았던 날을 살았다고
위로받을 수 있다.

떨림으로 다가와서
울림으로 사라지는
그래, 사랑.
편파적인 애정이 깃든
시간을 살았다.

사랑하느라 수고 많으셨습니다.

좋은 장면들만 추억으로 가져가 주세요.

우리들은 계속 예쁠 계절 속에서

여전히 아름답게 빛나고 있기를

혼자서 누군가를 기다리는 외로움은

사랑하는 사람을 만나기 위한 시작이다.

어쩌다 말을 배워서

사랑한다는 말을 할 수 있었으니.

과분한 축복을 얻은 것과 다름이 없었다.

사랑하다 잠들고

이별은 꿈꾸지 말거라.

곤히 자거라.

천천하게 바다가 흐른다.

사랑하고 이별하는 일도 그렇게 흐를 것이다.

모두가 자신의 만남을 사랑했으면 좋겠다.

여전히

.
.
.

나는 왜 이토록 너에게 약한가

바다와 사랑하는 사람의 공통점은
언제나 나를 받아준다 것.

나는 왜 이토록 너에게 약한가
글 _사진 | 이용현

1판1쇄 발행 2021년 3월 12일

펴낸 곳 | feeldok(필독)
지은이 | 이용현
펴낸 이 | 최명숙
출판등록 | 제2020-000026호
Email | feeldokbook@naver.com
ISBN | 979-11-971879-1-9 03190

폰트는 제주 명조체를 사용하였습니다.
잘못된 책은 구입하신 서점에서 교환해드립니다.
가격은 표지 뒷면에 있습니다.

ⓒ 이용현 2021

이 책의 저작권은 저자에게 있습니다.
저작권법에 의해 보호를 받는 저작물이므로
저자의 허락 없이 무단 전재와 복제를 금합니다.